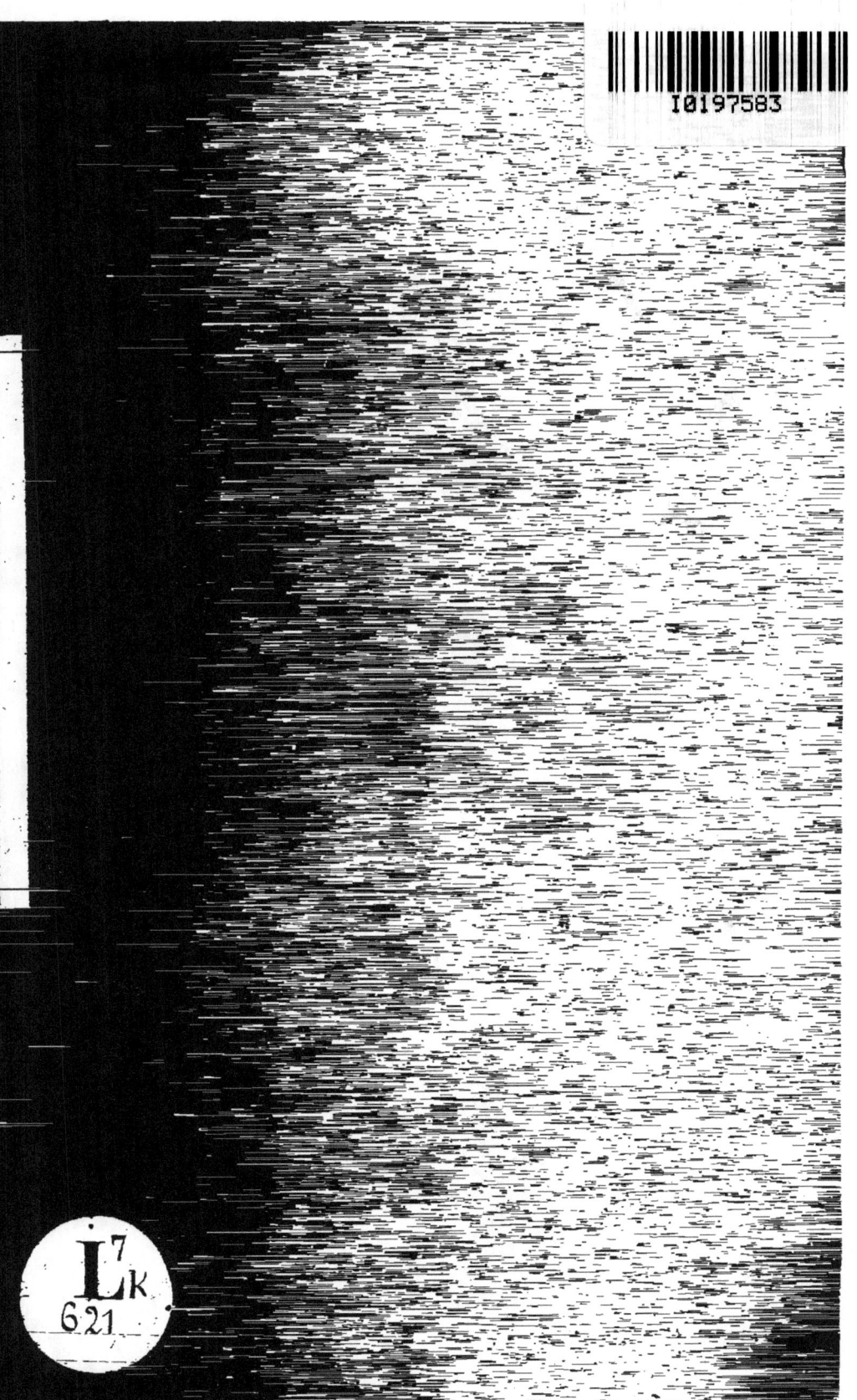

7
Lk 621.

PANORAMA

DU HAUT

DE LA TOUR DE L'HORLOGE

DE

L'ÉGLISE D'AUXONNE

PAR CLAUDE PICHARD

ANCIEN MAILL.

AUXONNE

IMPRIMERIE A. DELEUZE

1861

PANORAMA

DU HAUT DE LA TOUR DE L'HORLOGE

DE L'ÉGLISE D'AUXONNE.

Quel admirable panorama! quelle vue magnifique, depuis le haut de la tour de l'horloge de l'église Notre-Dame d'Auxonne! que de souvenirs viennent y frapper l'esprit!

Consignons-en quelques-uns de ces souvenirs; détachons quelques pages abrégées de notre histoire.

Les Auxonnais sont fiers de leur belle église, l'un des plus majestueux édifices de l'ancienne province de Bourgogne, vieille basilique fondée en 1309 par Jeanne de France, achevée en 1360 par la duchesse Marguerite. Le voyageur, l'artiste se plaisent à admirer à l'intérieur son architecture élégante, sœur de l'architecture gracieuse de l'église Notre-Dame de Dijon ; puis, à l'extérieur, son riche portail et la flèche élancée de son clocher, qui semble servir de jalon aux fertiles campagnes du vallon auxonnais.

Comme toutes ces vieilles églises, dit Alexandre Dumas, étaient bien mises en harmonie, par l'architecte, dans leur ensemble et dans leurs détails, avec les mystères qu'elles étaient destinées à voir s'accomplir ! les deux tours de face représentant les deux bras que le chrétien lève au ciel pour prier ; les chapelles au nombre de sept, en mémoire des sept mystères, ou au nombre de douze, en mémoire des apôtres ; la croix latine des colonnes de la voûte à l'image de celle du Golgotha ; le chœur s'inclinant un peu à droite, parce que le Christ pencha la tête sur l'épaule droite en mourant ; enfin les trois croisées éclairant le tabernacle, parce que Dieu est triple et que toute lumière vient de Dieu !

Du sol du portail nous avons monté les cent soixante-dix-sept marches qui conduisent au haut de la tour de l'horloge. Nous sommes sur la plateforme que surmontait jadis un joli campanile appelé *la Guette*, parce que de ce poste on veillait sur les mouvements ennemis en temps de troubles.

Plus tard, on y établit un joyeux carillon qui était mis en jeu et retentissait au loin les dimanches et jours de fêtes.

Auxonne est à nos pieds. Là est une ville où n'existaient, sur un monticule au milieu des eaux, que quelques misérables cabanes de pêcheurs. Autour de nous, toutes les splendeurs de l'agriculture, dans cette plaine semée de hameaux et de villages, couverte autrefois par la Saône. Dans ces lointains, dorés par le soleil, des forêts, des clochers, des châteaux, des montagnes, fournissant mille légendes, mille faits curieux, vivaces encore dans la mémoire des Francs-Comtois, des Bourguignons.

Il me semble voir l'Arar épanchant ses vagues, comme un lac immense, depuis la première chaîne du Jura, jusqu'aux coteaux où fleurit aujourd'hui Dijon la Savante. Mais successivement le fleuve se resserre et Jules-César le traverse avec ses légions. Les populations se groupent; les cités s'élèvent et se ferment de murailles, car les aventuriers, les rôdeurs, les tard-venus jettent partout, sur leur passage, la désolation, la terreur! En 1350, Auxonne se fortifie; trente-trois tours et des fossés profonds la défendent contre toute surprise. Voilà le château, œuvre de Louis XI et de François 1er, et dont le commandement n'était confié qu'à de hauts personnages. On ne voit plus leurs armes qui étaient sculptées à l'intérieur, mais seulement quelques traces de la Salamandre, emblême du roi-chevalier. Tout près du château, le vaste hôpital, nouvellement reconstruit, repose sur les terrains de l'ancien hôtel des monnaies et du couvent des Claristes. Il ne reste rien de ce couvent fondé par Guillaume de Vienne en 1412, et dont sainte Colette fut, pendant cinq ans, la première supérieure. Au levant, la belle brasserie voisine était la maison des Ursulines, édifiée en 1624, et où se passèrent, en 1660, ces scènes étranges rapportées aux causes célèbres et dont le fanatisme s'empara, pour faire croire que les religieuses étaient possédées du démon.

De l'autre côté de la rue est l'hospice Sainte-Anne, fondé en 1639 par un digne prêtre, Louis Molle, qui y recueillit seize des nombreuses orphelines qu'avaient faites la guerre et la peste de 1636.

Voilà l'Hôtel-de-Ville et son joli jardin public; c'était la demeure des moines qui desservaient le culte à Auxonne avant la construction de l'église actuelle. Elle devint le logis du Roi ou maison du Gouvernement, puis fut abandonnée, en 1811, à la commune.

Au devant, sur un brillant piédestal, resplendit la statue, inaugurée en 1857, du jeune officier d'artillerie qui a laissé à Auxonne tant de souvenirs. C'est Napoléon Bonaparte, lieutenant au régiment de la Fère, plus tard le puissant, le célèbre Empereur !

Ici sont les Halles, bâties aux frais des habitants en 1443. La cour somptueuse des ducs de Bourgogne y a donné plusieurs tournois, et la société de la mère-folle s'y livra maintes fois à ses ébats joyeux. Momentanément cédées à l'Etat pour des dépôts de munitions et pour servir au bel arsenal établi en 1674, mais transféré à Besançon en 1830, elles ont depuis été restaurées et servent au commerce.

Les halles joignent le bâtiment de la direction d'artillerie. C'est dans le salon, au rez-de-chaussée, que Bonaparte allait passer presque toutes ses soirées chez le colonel-directeur, M. Pilon d'Arquebouville.

A quelques pas, la maison à l'angle de la rue qui mène aux écoles, appartenait à la duchesse Marguerite de Bourgogne, qui s'y arrêtait avec sa suite, quand elle se rendait d'Auxonne à son château de Montmirey.

Remarquez plus loin ces superbes casernements d'infanterie et de cavalerie, construits en partie sur l'emplacement du couvent des Capucins, qu'avait fondé, en 1618, Jean-Baptiste Montrichard, seigneur de Flammerans. Dans le pavillon dit de la Ville, sont les deux modestes chambres qui furent habitées par Napoléon Bonaparte. Remarquez aussi le vaste manége et le hangar des armes, puis les magasins à poudre, menace terrible, incessante, que l'habitude fait oublier, mais qu'on devrait bien écarter des centres de population.

Les remparts d'Auxonne, avec leurs plantations d'arbres, lui forment une gaie couronne de verdure. Voyez le bastion du Gouverneur, où la garnison s'exerce à la gymnastique; le bastion du Cygne avec sa haute tour qui domine les approches de la place; ceux des Capucins, du Béchaux, de la porte de France; les magnifiques marronniers de l'Allée-des-Soupirs; le château avec ses grosses tours; les bastions du Moineau et de Kell avec leurs lignes de peupliers; enfin toute l'enceinte des nouvelles fortifications régulières, commencées par le comte d'Apremont en 1673, complétées par Vauban en 1675, et qui faillirent être renversées par les Autrichiens en 1815; puis, avec ses nombreux emblèmes : les hermines et les fleurs-de-lys, les porcs-épics, les bâtons noueux, les dauphins, les roues et les cygnes, la vieille porte du Comté ou du Jura, anciennement porte Dampnot (de *Damno*, dommage, parce qu'on exécutait près de ce lieu les criminels). Donnons ici la traduction de l'inscription en caractères gothiques, tracée sous la voûte :

Pour le Roi de ce régnant alors, fut fait ce boulevard l'an mil cinq cens trois, par Monseignᵣ Engilbert de Clèves, comte de Nevers, Lieutenant gouverneur pour le Roi en Bourgogne. fut fait le devis de cette besogne et était son bailli messire Jean de Karolles, commis pour presser les ouvrages. Antoine Godefroy, capitaine de la Ville et morte-paies. et étaient mandés les levés de milice, principalement de Pontailler, pour exécuter les travaux. et s'appelait cette muraille, laquelle il baptisa de son nom, bastion de Nevers. et pour lors était à la Ville le dit Comte avec plusieurs de sa suite. l'honorable homme le Maire étant Huguenin Courtois. et étant la Ville affectée vivement de mortalité. pour cela, vous qui ce lisez, priez Dieu pour les trépassés.

Jean Vainer, sculpteur.

Après les événements de 1815, Auxonne avait été déclassée comme ville de guerre. Le gouvernement revint bientôt sur cette décision. Les travaux du génie militaire, combinés avec ceux du génie civil, ont d'abord réglé et utilisé les eaux, tout en assainissant la place ; puis on a augmenté et on augmente chaque année les fortifications avancées nécessaires à la défense. Elles couvriront bientôt le cimetière de 1769 qui avait remplacé celui existant autour de l'église. Toutefois les prévisions municipales ont su pourvoir à un nouveau champ de repos. Voyez, plus loin, ce majestueux asile, ouvert en 1843, et qui nous attend ainsi que tous ceux que nous aimons. Ne craignez point de visiter ce lieu sacré où les générations vont successivement s'enfouir. Devant ces tombes où tout est confondu, votre cœur s'abîmera dans une contemplation profonde et en deviendra meilleur. Il se détachera de la terre et se reportera vers le ciel, vers cette immensité infinie, semée de tant d'harmonies, de tant de merveilles!

Poursuivons cette route si droite, si parfaitement entretenue. Nous arrivons à Flammerans qui fut si souvent ravagé par le feu et par les incursions ennemies. Depuis Flammerans, en contournant à l'Est, voilà la forêt des Crochères où, en 1526, le comte de Lannoi parvint à se dérober aux poursuites des Auxonnais. Marchant sur Auxonne avec des détachements nombreux, pour en prendre possession au nom de Charles-Quint, à qui François 1er l'avait cédée par le traité de Madrid, il fut vaillamment repoussé par les habitants et ne dut son salut qu'à la trahison d'une servante.

Derrière la forêt des Crochères, entre Frasnes et Moissey, apparaît le mont Guérin, sur lequel on reconnaît encore des vestiges de retranchements. Plus loin, c'est Offlanges, perché sur la hauteur ; puis Montmirey, où il ne subsiste plus que quelques ruines du castel de la reine Blanche.

Au levant, voilà Montroland, l'un des points stratégiques choisis par Cassini pour dresser sa belle carte de France. Une nouvelle église remplace la tour et la statue de Roland qui regardait Dôle. Dôle-belle, Dôle-val-d'amour, l'ancienne capitale de la Franche-Comté, si glorieuse de son passé, si ardente pour son avenir. Au-delà se perdent les montagnes de Salins et le Mont-Blanc avec ses neiges éternelles.

Nous avons passé par-dessus le Pont-de-Pierre et le site tranquille de la Feuillée, et par-dessus le joli hameau de la Cour qui, en outre de son parc si fréquenté, possède le chêne Napoléon et l'humble chapelle vénérée des fidèles, ayant pour vocable Notre-Dame-de-la-Couronne. Nous avons passé aussi sur les Granges d'Auxonne ; l'œil se repose avec plaisir sur toutes ces terres si laborieusement et si habilement cultivées, qui fournissent de plus en plus chaque jour, à l'alimentation et au commerce, une masse de produits enrichissant le pays.

Nous ne faisons qu'apercevoir Menotey et Rainans, qui appartiennent à cette côte dont les vins de choix sont recherchés ; Villers-Rotin, où les curieux vont rendre hommage au Sully, superbe tilleul qui abrite l'église ; le coteau pittoresque de Flagey; la Perrière, qui s'enorgueillissait d'un vaste château ; Saint-Seine, où il y avait un hospice et un prieuré de moines ; puis Labergement, jadis simple hébergeage, où les comtes d'Auxonne serraient leurs grains et où passait une voie romaine tirant à Pontailler.

En retournant au midi, ces triples rangs de peupliers nous indiquent le canal de dérivation de la Saône, commencé en 1838 et achevé en quatre ans. A côté, voilà le chemin de fer, inauguré en 1855; un fortin qui s'achève commande son talus.

Admirez ce superbe pont en tôle, et voyez comme cette gare est coquette, comme elle se mire dans l'un des plus beaux bassins de la Saône; comme elle est fière en même temps de cette couronne de lances, de tours et de créneaux, architecture guerrière, décorant le nom d'Auxonne !

Quelle révolution générale ont apporté les chemins de fer ! comme ils ont multiplié les rapports des individus et des peuples ! qu'il est loin ce temps où, deux fois seulement par semaine, la piètre voiture d'un sieur Capitain portait d'Auxonne à Dijon les quelques lettres et commissions des habitants ! Des messageries un peu plus actives lui succèdent, puis sont remplacées par des entreprises qui bientôt franchissent rapidement les distances ; et cependant combien on les trouverait lentes aujourd'hui ! combien peu elles suffiraient aux besoins de la circulation actuelle !

A gauche du chemin de fer, on découvre les Maillys, si cruellement ravagés en 1636 par la peste et par les soldats de Galas qui n'y laissèrent que quelques habitants. A l'Ouest, voilà Tillenay, l'un des plus anciens villages du canton, et en deçà, le bâtiment principal, restant du polygone d'artillerie tracé en 1674. Animé autrefois par de brillantes manœuvres, il ne résonne plus de la voix du canon. Là aussi Napoléon a commencé ses premières armes avec ces jeunes officiers, ses camarades, devenus généraux, princes, maréchaux d'empire !

A droite, regardez la Maison-Dieu fondée en 1244 par Perron de Saint-Seine, sous le vocable de Notre-Dame-des-Neiges. La modeste église n'est plus entourée de cette foule qui y venait célébrer chaque année la fête de l'Annonciation ; elle sert d'habitation à un cultivateur.

A quelques pas, voilà la masure surnommée le *Café-Bonaparte*, à l'extrémité de cette belle chaussée commencée en 1739 par les soins des élus de la province de Bourgogne, et qui a assuré, à travers la prairie, les communications autrefois si souvent interrompues par les inondations.

Voilà le joli village de Villers-les-Pots avec sa riante faïencerie; Athée, aussi admirablement situé et où coucha Louis XIV, par crainte de la peste, lorsqu'il se rendait au siége de Dôle; Poncey, à la tête d'une autre dérivation de la Saône; Lamarche, qui a appartenu aux grands noms de France : les Grantson, les Devienne, les Tavannes, etc., et qui possède aujourd'hui l'une des plus jolies églises rurales; au delà, le Montardoux (*mons arduum*), avec ses médailles romaines et, au bas, Pontailler, où plusieurs savants placent l'antique *Amagetobrium*.

Les forêts bordent l'horizon et nous dérobent une foule de villages; mais au couchant domine le Mont-Afrique où campa César, et au pied duquel est notre belle capitale de la Bourgogne, Dijon, dont l'importance centrale augmente si rapidement par l'effet du chemin de fer. Puis, c'est la Côte-d'Or avec ses riches vignobles, parmi lesquels il ne faut pas oublier Fixin, Fixin où Noisot, le regrettable enfant d'Auxonne, le compagnon de Napoléon à l'île d'Elbe, a fait élever à son ancien général un monument d'airain, illustré par l'habile ciseau de Rude.

Nous mentionnerions bien d'autres sites voisins qui sont du domaine de l'histoire : Cîteaux, le mausolée des ducs de Bourgogne; Seurre, qui mérita le surnom de Bellegarde; Nuits, renommée par ses excellents vins; Saint-Jean-de-Losne, qui doit vivre dans la mémoire des gens de cœur, pour sa glorieuse résistance à l'armée de Galas!... Arrêtons-nous, car je n'ai voulu tracer qu'une description rapide du tableau qui se développe sous nos yeux. Disons, en terminant, qu'à la vue de ces paysages rendus si fertiles, à la vue de ces améliorations progressives de toutes sortes, réalisées par les propriétaires du sol, par le gouvernement, par les communes, on est heureux de penser que nous ne sommes plus à ces tristes époques de contagions, de famines, de misères, qui abrutissaient, qui décimaient les populations!

Pichard.

155

www.ingramcontent.com/pod-product-compliance
Lightning Source LLC
Chambersburg PA
CBHW061519040426
42450CB00008B/1702